정모 박사의

지구 멸망 프로젝트

작전 02

지구 에너지를 없애라!

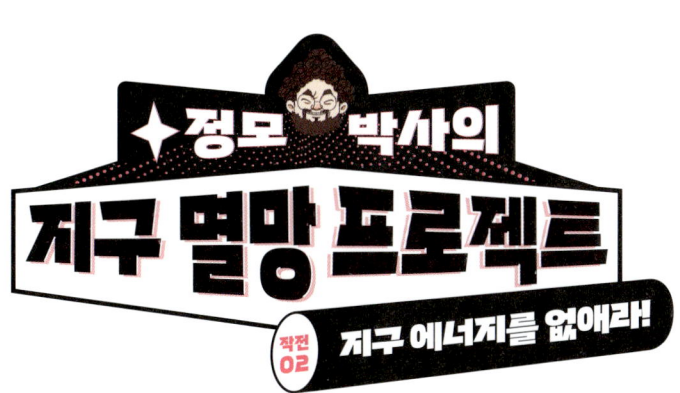

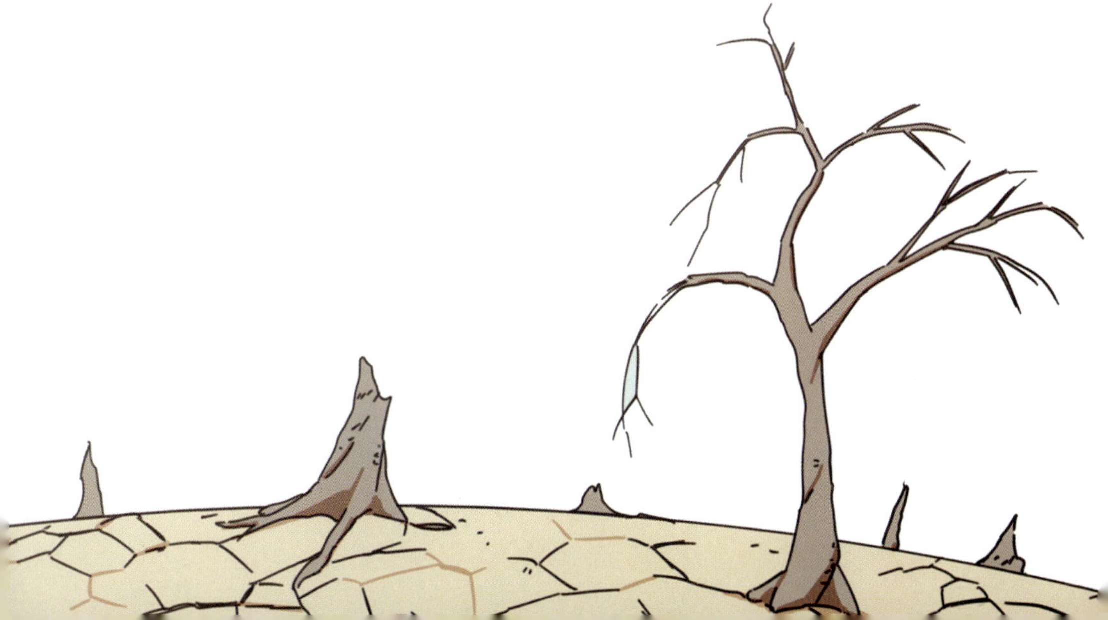

1판 1쇄 발행 2025년 11월 15일

기획 이정모 | **글** 유정숙 | **그림** 황교범

펴낸이 윤현숙 | **디자인** 구민재page9 | **마케팅** G점토, 이혜영
펴낸곳 양양하다어린이 | **출판등록** 2025년 6월 24일 제2025-000159호
주소 경기도 고양시 일산동구 중산로 70 | **전화** 070-8098-7190 | **팩스** 02-2137-0954
이메일 yyhdbooks@gmail.com | **인스타그램** @yyhdkids
ISBN 979-11-993620-2-4 (74400) | 979-11-993620-0-0 (세트)

이 책은 저작권법에 따라 보호를 받는 저작물이므로,
이 책의 전부 또는 일부를 이용하려면 반드시 저작권자와 양양하다어린이의 동의를 받아야 합니다.
잘못 만들어진 책은 구입하신 곳에서 교환해드립니다.

기획 **이정모** ◆ 글 **유정숙** ◆ 그림 **황교범**

기획의 말

지구 멸망 프로젝트는 어떻게 시작되었을까?

　우리는 역사를 왜 배울까요? 선조들의 찬란한 문화유산을 배워서 우쭐우쭐하려는 걸까요? 아닙니다. 역사책에 등장하는 나라들은 모두 망한 나라들입니다. 로마제국, 비잔틴제국, 당나라, 수나라, 한나라, 고구려, 백제, 신라, 고려, 조선 모두 망했습니다. 우리는 그 나라들이 어떻게 망했는지를 배우는 겁니다. 왜? 어떻게 하면 우리가 망하지 않고 지속가능할지 따져 보기 위해서입니다.

　자연사도 마찬가지입니다. 우리는 자연사박물관에 왜 갈까요? 거대한 공룡과 고래 밑에서 멋진 사진을 찍기 위해서일까요? 아닙니다. 자연사박물관에는 멸종한 생명들이 전시되어 있습니다. 그들의 멸종을 배우기 위해 자연사 박물관에 가는 겁니다. 3억 년 동안 고생대 바닷속에 바글바글하던 삼엽충은 왜 사라졌는지, 1억 6천만 년 동안 중생대 육상을 지배하던 공룡들은 왜 멸종했는지를 배우기 위해서입니다. 왜? 어떻게 하면 우리 인류가 멸종하지 않고 지속가능할지 따져 보기 위해서입니다.

국립과천과학관과 서울시립과학관의 과학자들이 모여 〈지구 멸망 프로젝트〉 시리즈를 쓰는 이유도 바로 여기에 있습니다. 시리즈의 주인공인 아이돌 그룹 '엠알스'와 그들의 매니저 정모 박사는 사실 지구로 잠입한 화성인입니다.

생명이 살기엔 너무 척박한 화성, 그곳에 필요한 생명 자원과 환경 자원을 지구에서 가져오기 위해 이들은 '지구 멸망 프로젝트'를 시작합니다.

엠알스와 정모 박사 일당은 지구를 멸망시키기에 충분한 작전과 이를 실행할 지식과 기술을 갖고 있습니다. 화성을 위해 지구를 멸망시키겠다는 사명감도 넘칩니다. 게다가 이들의 정체를 모르는 지구인들은 엠알스 일당을 열렬히 사랑하기까지 합니다. 왜냐고요? 엠알스니까요.

엠알스의 지구 멸망 프로젝트의 성공 여부는 오로지 지구인에게 달려 있습니다. 지구인들이 지구를 얼마나 사랑하는지, 그들이 과학을 얼마나 이해하고 있는지에 달린 것입니다.

지구인은 지구를 정말 사랑할까요? 지구인들은 화성인들의 음모를 이겨 낼 능력이 있을까요? 그 대답은 이 책을 읽고 있는 지구인에게 달려 있습니다. 지구인이여, 부디 지구를 지켜내 주세요. 그러기 위해서는 먼저 지구를 사랑해야 합니다. 그리고 지구와 생명에 대한 지식을 쌓아가야 합니다. 화성인의 음모를 과연 지구인들이 이겨 낼 수 있을까요?

준비가 되었다면, 이제 페이지를 넘겨보세요.

이정모

머리말

'작전 02. 지구 에너지를 없애라'를 시작하며

요즘 우리 집 거실은 프로야구 응원 열기로 뜨겁습니다. 온라인 응원에 아이돌 음악도 빠질 수 없죠. 휴대전화로 프로야구와 아이돌 영상을 보고, 댓글을 달고, 친구들과 DM을 하며 웃는 딸의 모습은 지금 시대를 사는 알파 세대의 전형입니다.

여행을 좋아하는 아들은 가 보고 싶은 여행지를 검색하면서 늘 세계 여행 중입니다. 그러다 배가 고프면 메뉴를 골라 주문만 하면 됩니다. 시원한 빙수도 배달되고, 바싹 구운 달콤한 와플도 금세 도착합니다. 참 편리한 세상입니다.

하지만 편리함의 이면에는 우리가 미처 보지 못한 에너지의 흐름이 숨어 있습니다. 에어컨, 냉장고, 휴대전화, 인터넷, 배달 오토바이까지, 모두 전기 에너지를 소모하고 있습니다. 우리가 편리하면 편리할수록 에너지 소모는 점점 더 많아지고 있는 거죠. 태양광, 풍력 등 천연자원을 이용한 에너지 생산이 늘어나고 있지만, 여전히 상당 부분 화석 연료를 태우면서 만들어지는 전기 에너지를 사용하고 있고요. 그 때문에 지구는 점점 더 뜨거워지고 있습니다.

기후 위기라는 말을 우리는 이미 수없이 들어왔습니다. 학교에서도 배우고, 뉴스에서도 듣죠. 하지만 막상 우리 생활 속에서 무엇을, 어떻게 바꿔야 하는지는 여전히 쉽지 않습니다. 또한 거대한 지구의 문제가 개인의 생활 속 실천으로 해결될 수 있을지도 의문입니다.

지금 누리는 편리함을 포기할 수는 없고, 그렇다고 이대로 계속 살아가기도 불안한 시대입니다. 이 모순된 상황 속에서 '에너지' 이야기를 시작해 보려고 합니다.

이 책은 단순히 에너지 절약을 말하는 동화가 아닙니다. 개인을 너머 사회 전체가 지구의 미래를 위해 어떤 노력을 하고 있는지를 들여다보고, 어린이들이 그 속에서 미래를 꿈꾸고 상상해 보는 이야기까지 함께 나눠 보고자 합니다. 과학기술 분야로의 진로에 대한 관심도 한 스푼 더해서요.

   화성에서 온 아이돌 그룹 엠알스(M.ARS)와 함께 기후 위기의 티핑 포인트를 지난 오늘의 지구를 생각하며 울고 웃고 고민하면서, 에너지라는 과학의 언어로 기후 위기의 본질을 이해하고, 아름다운 지구를 소중히 여기고 더욱 사랑할 수 있기를 바랍니다.

   이 책이 나오기까지 많은 아이디어를 제공해 준 가희와 윤슬 언니께 고마운 마음을 전하며, 묵묵히 지켜보고 마음의 지원을 해주신 사랑하는 가족들에게 진심으로 감사드립니다.

유정숙

차례

기획의 말 지구 멸망 프로젝트는 어떻게 시작되었을까? • 4
머리말 '작전 02. 지구 에너지를 없애라'를 시작하며 • 7
캐릭터 소개 엠알스, 그리고 이 책의 주인공들을 소개합니다 • 12

1 넷제로 열풍, 그 시작은 게임?

공연 대기실의 소란 • 18
새로운 중독, '넷제로' • 22
넷제로의 진실 • 25

오늘의 보고 넷제로 열풍, 팬덤 확산 • 29

2 넷제로, 정체를 밝혀내다

게임과 임무의 충돌 • 32
퍼져 버린 넷제로 열풍 • 38
지구의 위기와 기억들 • 41

오늘의 보고 넷제로 사건으로 작전 꼬임! • 45

3 넷제로 팝업 스토어의 진실

유엔 홍보대사, 기회인가 위기인가 • 48
넷제로 실천 강령 조사 • 52
작전 전환: 팝업 스토어 • 62
오토라 스톰봉의 비밀 • 66

오늘의 보고 유엔 홍보대사 제안과 새로운 작전 • 71

넷제로 콘서트

팝업 스토어 오픈 • 74
오로라 스틈봉 완판 • 79
세계 에너지의 날, 넷제로 콘서트 • 82
갑작스러운 어둠 • 92

오늘의 보고 블랙아웃 작전 성공? • 95

기후 지옥

에너지 공포, 블랙아웃 • 98
루카를 찾아 떠난 시간 여행 • 102
2050년, 붉은 지구 • 108
마지막 공연?! • 112

오늘의 보고 티핑 포인트를 넘어선 지구의 붕괴 • 117

다시 만난 청정 지구

2030년으로 귀환 • 120
지구인의 노력 • 124
팬들의 힘, 그리고 다음 임무 • 130
넷제로 축하 공연, 다시 노래하다 • 135

오늘의 보고 블랙아웃을 넘어 카본 네거티브로! • 139

교과 연계

초3~4 과학 기후 변화와 우리 생활
초5~6 과학 자원의 종류, 자원과 에너지, 전기의 이용, 지속 가능한 에너지
중학교 과학 과학적 탐구 방법, 과학과 지속 가능한 사회, 에너지의 이동, 전기 회로, 지구와 생명

캐릭터 소개

엠알스, 그리고 이 책의 주인공들을 소개합니다

화성에서 온 아이돌 그룹

지구를 멸망시켜 화성을 구하려는 임무를 수행하러 지구에 왔지만, 재미로 시작한 넷제로 게임이 대히트를 치며 의도치 않게 지구 에너지 홍보대사가 되어버린다. 이후 지구의 블랙아웃을 경험하면서 에너지의 과학과 생명의 의미를 배우기 시작하는데…. 과연 정모 박사와 엠알스의 지구 멸망 프로젝트는 성공할 수 있을까?

엠알스의 매니저이자 지구 멸망 프로젝트의 총책임자

'나 때는 말이야'로 시작하는 이야기꾼이다. 헛기침('크흠')과 잡담이 많아 보이지만 위기관리 능력이 뛰어나며, 마음이 따뜻하다. "자, 다들 모여 보렴"이라고 운을 뗄 때면 중요한 이야기를 하는 순간이다. 때때로 지구에 애정을 보여 프로젝트 수행과 개인 감정 사이에서 갈등하기도 한다.

에피소드 엠알스가 단순한 모바일 게임이라 생각했던 '넷제로'에 빠져 지구 에너지 절약의 상징이 되면서 정모 박사의 지구 멸망 프로젝트가 무산될 위기에 처한다.

새미

모어

**모범생 과학덕후로,
엠알스의 리더이자 래퍼**

엠알스의 실질적 브레인으로, 책 읽기를 좋아하며, 정모 박사에게 과학 교육을 받은 '꼬마 과학실' 출신이다. 성실하고 책임감이 강하며, 정보에 밝다.

_{에피소드} 리더로서 누구보다 계획적이지만, 재미로 시작한 넷제로 게임이 지구의 탄소를 줄이는 실천이었다는 걸 늦게 알아차리고 괴로워한다. 하지만 마음은 임무와 반대로 자꾸 지구로 향한다.

**디저트에 진심인
엠알스의 리드보컬**

밝고 용감하며, 엠알스 행동대장답게 위기 상황에서 큰 활약을 한다. 엉뚱한 면이 있어 장난스러운 아리와의 개그 케미가 있다.

_{에피소드} 넷제로 게임에서 모은 캐시로 유니세프에 기부하며 팬들에게 '선한 행동 아이돌'로 불린다. 하지만 그 선의가 지구 멸망 프로젝트를 위태롭게 했다는 사실을 알고 혼란스러워한다.

동물과 대화 가능한 엠알스의 막내이자 메인 댄서

모어보다 생일이 하루 늦어 엠알스의 막내가 되었다. 엠알스에서 귀여움을 담당하며 지구 동물 언어를 습득해 펭귄, 사슴 등과 교감이 가능하다.

에피소드 엠알스가 '넷제로 홍보대사'로 주목받게 되는 계기를 만든다. 전력 차단으로 모든 것이 정지되는 순간, 진짜 '에너지의 의미'를 깨닫는다.

천재 AI로, 엠알스의 작곡과 무대 총괄 디렉터

화성에서 가장 진화된 완성형 인공지능 로봇으로, 움직이는 걸 귀찮아하지만 위기 상황에서는 유능하게 정보를 수집하고 지원 업무를 한다.

에피소드 블랙아웃(정전) 이후 인공지능조차 '전력이 없으면 아무것도 할 수 없다'는 사실에 혼란을 느낀다. 로봇이지만 점점 '감정'을 배우는 중이다.

넷째로 열풍,
그 시작은 게임?

공연 대기실의 소란

1년 만에 싱글 앨범으로 컴백한 엠알스는 남극 빙하 콘서트 이후, 전 세계 팬들로부터 끊임없는 공연 요청을 받고 있다. 이미 도쿄, 뉴욕, 런던, 파리, 두바이 등 10여 개 나라에서 공연을 펼쳤고, 오늘은 서울 공연이 있는 날이다.

원래 엠알스는 지구 멸망 프로젝트 강령에 따라 개인적으로는 외출이 금지되는 등 행동에 제한이 많다. 그런데 월드 투어 콘서트 중에는 예외이다. 그래서인지 엠알스는 오히려 바쁜 공연 스케줄을 반기며 즐긴다.

엠알스는 월드 투어 스케줄 사이 잠깐의 자유 시간 동안, 지구 곳곳의 다양한 모습을 구경하는 시간을 매우 귀하게 여긴다. 물론 이때도 화성인임을 들켜서는 절대, 절~~대 안 되지만 말이다.

과학 소녀 새미는 주로 공연장 근처의 박물관이나 과학관을 둘러보며 여가 시간을 보낸다. 평소 게으른 루카도 월드 투어 때는 새로운 기술 발전을 탐색하러 도시 곳곳을 다니는 편이다.

모어는 모험을 좋아하여 공연이 있는 도시 주변의 놀이공원엔 거의 다 가봤을 정도다.

아리는 새로 만나는 동물들과 수다 떠는 걸 좋아해서 틈만 나면 밖으로 나간다. 지난번 남극에서도 아델리 펭귄을 만나러 나가서 한참을 돌아오지 않아 맴버들이 찾아다니느라 혼비백산하였다. 그랬던 엠알스 맴버들이 꼼짝하지 않고 **뭔·가·**를 하고 있는 것이다.

새로운 중독, '넷제로'

"넷제로는 온라인 게임으로, 미션을 수행할 때마다 넷제로 캐시로 보상받을 수 있어요. 그 캐시로 온라인에서 물건을 구매할 수도 있고요."

"크흠…. 물건도 살 수 있다고?"

"맞아요. 저 럭키아리는 얼마 전에 길고양이 간식도 넷제로 캐시로 샀다니까요. 너무 좋아요."

"헤헷! 전 리더로서, 캐시를 모아 우리 맴버들 간식을 사주고 있어요."

"사실 저는 그동안 모은 캐시로 유니세프 성금을 냈어요. 우리 엠알스 이름으로!"

"우와, 멋져. 바로 행동으로 옮기다니! 모어는 역시 엠알스의 행동대장다워. 나도 동물단체에 기부를 하긴 했는데, 더 열심히 해야겠군! 하하!"

"크흠… 넷제로가 뭔지는 모르지만, 물건도 살 수 있고 기부도 한다니, 좋은 건가 보군! 그래도 게임이니 적당히 하려무나."

그때 무대 담당 스태프의 목소리가 다시 들렸다.

"엠알스, 이제 무대로 나오세요!"

와아아아아아!

우리의 엠알스, 사랑해요!

넷제로의 진실

공연 대기실에 홀로 있던 정모 박사는 '넷제로'를 검색하기 시작하였다.

검색창에 **#넷제로**를 입력하자 연관 검색어로 **#엠알스_아리**가 나타났다. 그리고 다음과 같은 인터넷 기사들이 보였다.

"크흠… 홍보대사라고? 이게 단순한 게임은 아닌 모양이군. 넷제로랑 우리 엠알스랑 이렇게 관련이 있는데, 여태 나만 몰랐단 말인가!"

정모 박사는 엠알스의 관심을 사로잡은 '넷제로'에 대해 혼자만 모르고 있는 것 같아서 내심 서운함을 느꼈다. 하지만 그런 내색을 비추지 않기 위해 애써 태연한 척 심호흡을 하였다.

"크흠… 난 긍정모니까… 긍정적으로 생각하자. 이렇게 반응이 좋은 걸 보면, 엠알스에게 곧 새로운 광고도 들어오고 인기도 더 올라가겠군!"
"하하! 대표님, 벌써 광고가 들어오기 시작했답니다."
"크흠… 우리 매니저 정 실장이 큰일을 하는군! 그나저나 넷제로 게임이 뭔데 전 세계 기후단체들까지 나서서 엠알스를 칭찬하는 거지?"
"아리 덕분에 전 세계 많은 사람들이 넷제로를 실천하기 시작했으니 당연하죠! 넷제로 홍보대사까지 하면 너무 좋을 것 같아요."

"어! 뭔가 이상한대? '온실가스를 줄인다'는 것 같은데…"

정모 박사는 좀 더 구체적이고 이해하기 쉽게 설명된 검색 결과를 찾고 싶었다. '알기 쉬운 넷제로'라는 제목을 클릭하자 새로운 창으로 넘어가면서 넷제로에 대한 설명이 떴다. 하지만 바로 그 순간 와이파이 접속이 끊겼다는 메시지가 나타났다.

이럴 수가! 대기실은 무대 뒤에 있었는데, 공연에 영향을 주는 전파기기를 모두 차단시킨 모양이다. 그렇다고 현

대인에게 의식주보다 더 중요하다는 와이파이까지 끊다니!

　결국 넷제로의 정확한 의미를 알아내지 못한 정모 박사는 답답해 미칠 지경이었다. 그래서인지 멤버들끼리만 넷제로를 즐긴 것에 대한 섭섭한 마음은 계속 커져갔다.

　더욱이 고요한 공연장 대기실에 홀로 앉아 있으니 마음이 더 가라앉았다. 무대 위에서 터져 나오는 환호와 음악은 벽 너머의 먼 세상 같았다. 와이파이마저 끊긴 이 공간에서, 정모 박사는 마치 지구에 홀로 남겨진 것처럼 쓸쓸함을 느꼈다!

넷제로 열풍, 팬덤 확산

- ✅ 엠알스가 서울 공연을 앞두고 대기실에서 새로운 모바일 게임 '넷제로'에 푹 빠진 모습을 보임.
- ✅ 리허설 사이사이에도 휴대전화를 손에서 놓지 않으며, 팬들과 함께 게임 점수를 공유하며 즐기고 있음.
- ✅ 게임에서 받은 넷제로 캐시로 간식도 사고, 유니세프와 동물단체에 기부까지 함!
- ✅ 팬들도 같이 따라 하면서 **#넷제로 인증샷**을 하루 종일 올리는 중.
- ✅ 덕분에 엠알스 이름과 넷제로가 이미 전 세계를 뜨겁게 달구고 있음.

향후 과제
- ✅ 넷제로 게임이 뭔지, 정체를 제대로 파악해야 함!
- ✅ 팬들이 왜 이렇게 빨리 몰입하는지, 행동 패턴 연구 시작!

주의 사항
- ✅ 아이돌 활동 중 발생하는 '자발적 캠페인'은 우리가 통제하기 어려움.
- ✅ 팬덤이 퍼지면 퍼질수록 돌이킬 수 없는 상황이 될 수 있음.
- ✅ 게임 정체는 아직 불분명! 엠알스의 정체를 들키지 않게 주의하며 상황을 관찰할 필요가 있음.

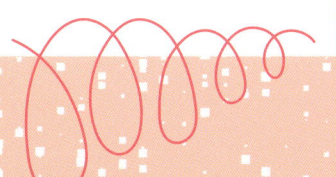

2

넷제로, 정체를 밝혀내다

게임과 임무의 충돌

정모 박사는 자신이 처음 지구에 왔던 날을 떠올렸다. 60여 년 전, 화성 과학 본부에서 받았던 비밀 임무 '지구 멸망 프로젝트'.

화성은 태양에서 멀리 떨어져 있어 태양 에너지를 직접 생명 활동에 사용할 수 없다. 그래서 화성인들은 늘 태양에서 적당한 거리에 떨어져 있고, 적당한 대기를 가지고 태양 에너지를 활용하는 지구를 부러워하였다.

그런 까닭으로 화성 과학 본부에서는 정모 박사에게 지구 멸망 프로젝트를 맡아달라고 요청하였다.

지구 멸망 프로젝트의 핵심은 지구 대기의 공기층을 없애 지구를 멸망시키는 것! 지구 멸망 후에는 태양에서 오는 태양 에너지를 충전지처럼 지구에 저장해 두고, 필요할 때마다 꺼내 화성으로 가져올 계획이었다.

그런데 정모 박사가 지구로 파견될 쯤에 지구에 이상한 변화가 감지되었다. 지구 대기에 이산화 탄소와 메테인의 양이 늘어나기 시작하더니, 지구의 온도가 급속하게 오르기 시작한 것이다.

관측 결과, 지구인의 화석 연료 사용이 증가하면서 점점 더 많은 이산화 탄소와 메테인 가스 등이 대기층에 들어와 지구는 점점 더 뜨거워지고 있다고 하였다.
그리고 이러한 추세대로라면 2060년이 되면 지구상에는 그 어떤 생물도 살 수 없게 되어 지구는 자연적으로 멸망할 것이라고 하였다.

이에 화성 본부는 지구의 대기를 힘들게 없애는 대신, 지구 에너지 사용을 더 부추기고, 지구 온난화를 가속화함으로써 지구 멸망 시기를 앞당기라고 지시하였다.

엠알스가 공연하는 동안 스르륵 잠이 들었다 깬 정모 박사는 다시 휴대전화를 꺼내 들었다. 와이파이가 연결되며, 검색창이 나타났다.

정모 박사의 눈이 커졌다.

"크흠… 이럴 수가… 우린 지구를 더 뜨겁게 만들어야 하는데, 이건 반대잖아! 혹시 넷제로 게임이 실제 현실에서 탄소를 줄이는 것과 관련이 있는 걸까?"

"새미 언니, 알아듣기 쉽게 설명 좀 해줘."

"아, 아리 잠시만. 그러니까… 음… 우린 지구인들이 계속해서 온실가스를 배출해서 지구 온도를 더 뜨겁게 만드는 임무를 띠고 지구에 왔잖아. 그런데 우리가 한 넷제로 게임이 현실에서도 온실가스 배출을 줄이는 게임인 거지."

"넷제로 게임이랑 지구 멸망 프로젝트가 반대인 거네?"

"응. 나도 미처 프로젝트랑 연결해서 생각하지 못했어."

"화성 본부에서 알면 어쩌지…. 난 유니세프에 기부까지 했는데…."

"크흠… 모두 넷제로의 의미를 모르고 단순히 재미있으니 한 것 같구나! 나도 너희들이 프로젝트 임무에 반대되는 게임에 열중인지 미처 살피지 않은 잘못이 있지."

힝! 우린 망했어!

"그런데 지구인들이 지금처럼 살기 위해서는 에너지를 안 쓸 수는 없잖아요. 예전처럼 수렵 채집 시절로 돌아갈 수도 없고요. 생활하기 위해서 에너지는 꼭 필요하고, 또 쓸 수밖에 없으니…."

"그렇단다, 모어. 우리가 처음 지구에 왔을 때를 생각해 보렴. 편안한 삶에 취한 지구인들은 이미 지구의 온도를 올리는 방향으로 생활하고 있었단다. 우리는 지구인들이 지구의 온도를 올리는 데 조금 더 속도를 높이는 방향으로 유도하기만 하면 되었고…. 이번 프로젝트는 사실 가만히 있어도 성공하는 프로젝트였는데…."

"지구인들이 온도를 낮출 수 있을까요? 지금도 에너지를 엄청 많이 쓰고 있잖아요."

"크흠… 그렇긴 하지. 그게 지금 우리가 가장 바라는 일이고…. 그런데 이렇게 게임을 통해 지구인들이 행동까지 하게 되었다니. 도대체 이게 어떻게 된 일인지?"

끄응….

지구의 위기와 기억들

지구인들도 지구가 점점 뜨거워지는 것에 경각심을 갖고 있어요.
지구 곳곳에서 홍수, 가뭄, 식량 부족 등 인류 생존의 문제들이
자주 발생하기 시작했거든요.
1997년 교토에서 열린 유엔기후변화협약에서
논의를 하기 시작했잖아요.
선진국들이 전 지구적 목표 달성을 위해 온실가스의 순 배출량을
줄이는 교토의정서를 채택하고 이를 실천하기로요.
이때 온실가스 감축이 탄소 배출의 감소,
즉 넷제로를 의미해요.
2015년에는 전 세계 195개국이 보다
구속력을 가진 국제법으로 파리에서
기후협약을 체결하고….

"크흠… 하지만 내가 지구에 도착한 후로 계속 지구를 관찰하고 있었는데, 지구인들이 기후위기를 위해 적극적으로 노력하는 모습은 거의 보지 못했단다. 그래서 우리 프로젝트가 아주 순조롭게 진행될 거라고 안심하고 있었지."

"맞아요. 최근에도 기후 변화에 의한 재앙은 계속되고 있었는걸요!"

"아리, 난 정확히 기억해. 21년에는 캐나다에서 일주일 만에 700명이 폭염으로 사망하기도 했잖아. 서유럽에서는 폭우로 많은 사람들이 목숨을 잃었고…."

"모어의 기억력은 정말 놀라워!"

"또 2019년에 오스트레일리아에서 일어난 산불도 엄청났어. 2025년 초 미국 LA에서 일어났던 산불도 무시무시했고…."

"나는 그때 조금 슬펐어. 지구를 멸망시키는 게 우리 프로젝트지만, 지금은 우리도 지구에 살고 있으니까. 그 위험이 우리에게만 안 나타난다고 볼 순 없잖아."

"맞아, 새미 언니. 나도 동물들이 서식지를 잃고 생명을 위협받는 뉴스를 보고 너무 속상했어. 빙하 콘서트 때 만났던 아델리 펭귄도 남극 빙하가 줄어들어 생활하기 어렵다고 했고, 지난번 호주 산불 때 새끼를 안고 피신하는 어미 캥거루도 너무 힘들어해서 안타까웠어."

지구 친구들과 동물이 힘들어하면 마음이 너무 아파!

전화를 건네받은 정모 박사는 심각한 표정으로 통화를 이어갔고, 엠알스 모두 숨죽여 정모 박사를 지켜보았다.

유엔 국제기구의 홍보대사가 될 엄청난 기회가 찾아왔는데, 기쁨보다는 난처한 기색이 역력한 정모 박사와 엠알스였다.

◆ **기후 변화에 관한 정부 간 패널(IPCC)**
기후 변화와 관련된 문제를 파악하여 이를 해결하고자 마련한 국제기구. 유엔 환경 계획과 세계 기상 기구가 공동으로 설립함.

넷제로 사건으로 작전 꼬임!

- ☑ 정모 박사, 드디어 넷제로의 진짜 뜻을 알아냄. 온실가스 순배출량을 0(제로)으로 하는 것!
- ☑ 엠알스 멤버들이 자신들의 임무(지구 온난화 가속)와 게임의 목표(탄소 감축)가 정반대라는 사실을 깨달음.
- ☑ 아리가 올린 넷제로 인증 사진이 이미 전 세계로 퍼져서 SNS와 유튜브를 뒤덮음.
- ☑ 유엔에서 엠알스를 '넷제로 홍보대사'로 선정하고 싶다고 연락이 옴.

향후 과제
- ☑ 홍보대사 제안을 거절할지 받아들일지 전략 세울 것.
- ☑ 지구인들이 기후 위기를 심각하게 생각하는 걸 막을 방법을 찾아야 함.
- ☑ 멤버들 정체가 노출되지 않게 단속할 것.

주의 사항
- ☑ 지구인의 '기후 위기 공감'이 '집단 행동'으로 이어질 수 있음.
- ☑ 작전은 빨리 드러나면 안 됨. 느리지만 은밀하게 진행할 것.
- ☑ 홍보대사 활동이 괜히 정체를 드러내는 통로가 되지 않게 관리할 것.

3

넷째로
팝업 스토어의
진실

유엔 홍보대사, 기회인가 위기인가

　유엔 홍보대사 요청에 엠알스와 정모 박사는 고민이 깊어 갔다. 누가 봐도 너무 좋은 제안이었지만, 넷제로의 의미를 알게 되었으니 절대 수락할 수 없는 상황이었다.

　게다가 화성 본부에서 이 사실을 알면 프로젝트는 취소되고, 당장 화성으로 소환될지도 모르는 일이었다. 그렇다고 거절하기에는 엠알스 팬들이 이해해줄 리도 없고, 더 이상 지구에서의 활동도 힘들어질지 모른다. 사면초가에 빠진 엠알스와 정모 박사!

다그치는 매니저에게 정모 박사는 곧 결정을 내리겠노라고 하였다. 다만, 엠알스가 넷제로 홍보대사까지 하면, 오히려 자유로운 활동에 제한이 되는 등 여러 가지 변수가 생길지 모른다며 걱정하는 표정을 지어 보였다. 그러면서 성급히 결정할 문제가 아니라며 시간을 끌었다. 답답함을 참지 못한 매니저는 자리를 피하며 나가 버렸다.

"우선 넷제로 홍보대사가 되면, 어떤 역할을 하는지부터 알아보는 게 어때요? 구체적으로 어떤 것들을 해야 하는지 알면, 지구 멸망 프로젝트에 도움이 되는 방향으로 작전을 펼 수도 있잖아요! 결정은 그 후에 하고요."

"역시 우리의 리더 새미 언니! 그렇게 되면 스릴 넘치겠는데! 우리가 스파이가 되는 거잖아. 히히!"

"크흠… 아리, 그렇게 간단한 일은 아니란다. 하지만 어쩌면 이번 일을 기회로 더 제대로 된 프로젝트를 추진할 수 있을지도 모르겠구나."

넷제로 실천 강령 조사

다시금 의욕이 불타오른 정모 박사는 매니저에게 전화를 걸어 유엔 홍보대사로서 엠알스의 역할을 구체적으로 알려달라는 공문을 요청하였다. 동시에 루카에게는 넷제로 실천 강령을 자세히 검색해 달라고 하였다.

그러고는 화성 본부에서 연락이 오기 전에 먼저 수정된 프로젝트에 대한 보고서 작성 준비를 시작하였다.

요즘 루카는 더 게을러져 생성형 AI를 더 자주 찾는다. 그런데 루카는 틀린 정보까지 걸러서 정확하게 정리해 주어, 정모 박사와 엠알스는 오히려 '루카다운 방법'이라며 좋아한다.

그런데 이런 생성형 AI를 움직이려면 수많은 컴퓨터가 밤낮없이 일을 해야 한다. 엄청나게 많은 에너지를 소비하면서 기후 변화에 한몫을 하고 있는 것이다.

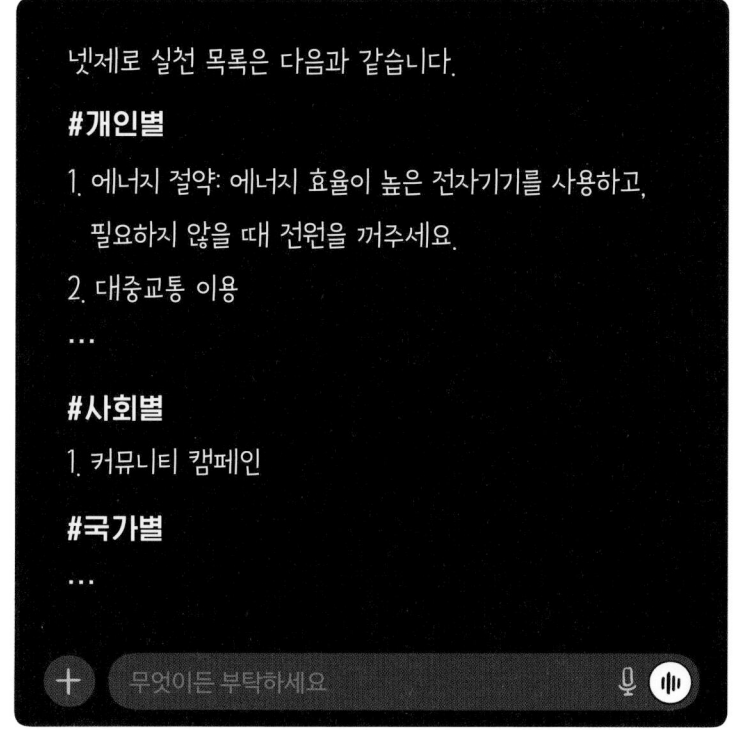

"이 정도 실천 목록이라면 우리가 방해할 틈이 있겠어요. 원래 지구인들은 습관을 바꾸는 걸 어려워하잖아요. 다들 편안함을 더 누리고 싶어 하는 본능이 있으니까. 그걸 이용하면 우리 프로젝트에 도움이 될 것 같아요."

"크흠… 역시 새미는 정모 박사의 꼬마 과학실 출신답군! 게다가 사람들이 직접 방법을 찾아서 실천하는 건 더 쉽지 않단다. 친환경 정보를 모두 알기 어렵기도 하고, 무엇보다 지구인은 지구 환경보다 편리함을 최우선으로 하니까."

정모 박사는 더 좋은 방법을 찾으려는 듯 잠시 눈을 감고 생각에 잠겼다. 엠알스 팬들을 에너지 절약과 반대로 행동하게 만들 수 있다면, 지구 멸망 프로젝트는 한 걸음 더 성공으로 나아갈 수 있을 것이다. 정말 위기가 기회가 될지도 모른다.

"루카, 사회에서 하는 실천은 뭐야? 우리가 그걸 방해할 수도 있을까?"

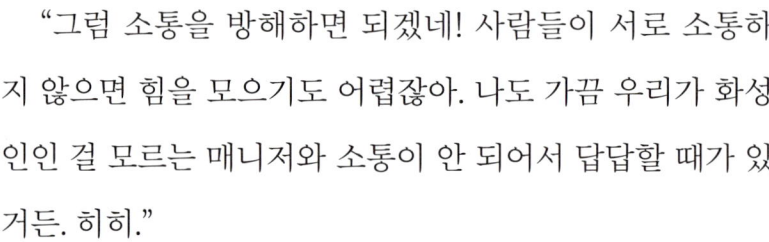

잠깐만, 모어….
#사회에서하는넷제로실천은 보통 사람들이 함께 힘을 모아 실천하는 행동들이야. 예를 들어 교육이나 캠페인 같은 걸로 사회 구조나 시스템 등을 변하게 만드는 거야.

"그럼 소통을 방해하면 되겠네! 사람들이 서로 소통하지 않으면 힘을 모으기도 어렵잖아. 나도 가끔 우리가 화성인인 걸 모르는 매니저와 소통이 안 되어서 답답할 때가 있거든. 히히."

정모 박사와 엠알스의 머릿속에는 이제 분명한 그림이 그려지고 있었다.

유엔이 엠알스를 홍보대사로 세우려는 진짜 이유…, 그것은 음악과 춤으로 전 세계 사람들을 하나로 모으고, 많은 나라들이 힘을 합쳐 넷제로를 실천하도록 이끄는 것이다.

> 기후변화에 관한 정부 간 협의체(IPPC)는 2030년까지
> 온실가스 감축을 통해 2050년에는 넷제로를 달성해야 한다고
> 권고하는 보고서를 제출했습니다.
> 하지만 아직까지 많은 나라에서 이를 위한 구체적인
> 실천은 잘 이루어지고 있지 않은 것 같아요.
> 그리고 기후 위기에 대응하기 위해서 지구의 온도를….

루카가 IPCC의 지속가능한 지구를 위한 특별보고서 내용을 말하고 하는데, 갑자기 모어가 주머니에 있던 생초콜릿을 한 입 베어 물고는 번뜩 소리쳤다.

"그래 맞아! 1.5℃!"

"모어, 당 충전하더니 갑자기 또 기억력이 상승한 거야? 정말 디저트에 진심이라니까~ 큭큭큭. 그런데 1.5도는 뭐야?"

"1.5℃는 말이지~~~ IPCC에서 지속가능한 지구의 미래를 위해 산업화 이후 지구 온도의 상승을 1.5도 이하로 막아야 한다고 합의한 중요한 숫자야. 맞지?"

"오! 모어, 대단한데! 하지만 안타깝게도 2024년에 이미 지구의 온도는 1.5도 이상 올랐어. 이제 2도를 목표로 하고 있지."

잠자코 맴버들의 이야기를 듣고 있던 정모 박사는 이제야 궁금했던 퍼즐이 풀린 듯 이야기를 시작하였다.

크흠~ 국가적 차원의 실천 목록이 바로 IPCC에서 강조한 국가 간 합의에 해당되겠구나. 그게 바로 UN이 엠알스에게 홍보대사를 요청한 이유일 테고. 글로벌 스타 엠알스를 통해 국가적 차원에서 태양광, 풍력 같은 재생 에너지◆를 더 쓰도록 독려하길 바라는 거지.

◆ **재생 에너지** 계속 써도 무한에 가깝도록 다시 공급되는 에너지. 태양열, 수력, 풍력 에너지 등이 있음.

"아까 박사님 눈빛이 순간적으로 이글거리는 것을 봤어요. 신박한 아이디어가 떠오를 때마다 나타나는 박사님의 그 특이한 눈빛이요. 히히. 이미 작전 하나 세우신 거죠?"

"크흠…, 모어. 넌 내 마음을 너무 많이 들여다보는 경향이 있어. 너가 먹는 초콜릿에 뭔가 수상한 성분이 있는 건 아닌지 의심될 정도란다…."

"히히, 그건 단순히 박사님을 향한 제 마음이라고요! 초콜릿보다 더 박사님을 사랑하는…."

"크흠… 모어, 난 무조건 반사다. 반사!"

"하하, 박사님과 모어의 캐미는 늘 즐거워! 나 아리도 끼고 싶지만, 모어에게 평생 양보할게. 크크."

"크흠… 이렇게 하면 화성 본부도 우리가 작전상 넷제로 게임을 한다고 이해해 줄 것 같으니 말이다…."

"그런데 화성 본부에서 순순히 우리말을 믿을까요?"

어깨를 으쓱하며 의문을 제기하는 새미에게 정모 박사는 입가에 미소를 띠며 확신에 찬 표정으로 이야기를 시작하였다.

"이미 엠알스와 넷제로가 연관 검색어로 등장하고, 유엔의 넷제로 홍보대사도 거절할 수 없는 상황이잖니! 물은 이미 엎질러졌단다. 어쩌면 우리에겐 지금이 새로운 기회가 될 수도 있을 거야. 그동안 지구 멸망 프로젝트가 잘 진행되지 않았는데, 우리의 구겨졌던 자존심을 이번 기회에 일으켜 보자꾸나."

"나 아리도 빠질 수 없지. 럭키아리가 있으면 모든 것이 술술 풀릴 거라고! 무엇보다 벌써 화성으로 돌아가긴 정말 싫어. 우리를 사랑하는 팬들도 많고, 무엇보다 지구에 와서 아직 말도 못 건넨 동물들이 너무나 많단 말이야."

"나도 마찬가지야. 지구에 오니 화성에 관한 책들도 많아서 깜짝 놀랐지 뭐야. 지구에 있는 모든 과학책을 다 읽고 말테야!"

"크흠… 그래서 말인데….'

"빨리 말해 주세요. 박사님!"

"크흠… 새미, 너도 급할 때가 있구나. 이번 팝업 스토어의 굿즈로 '응원봉'을 특별하게 디자인해 보는 건 어떻겠니! 일명 오로라 스톰 응원봉이란다."

오로라 스톰봉의 비밀

"앗! 어떤 의미로 말씀하시는지 알 것 같아요. 응원봉의 에너지 효율 등급을 아~주 낮게 한다면, 가능할 것 같은데요? 실상은 에너지 먹는 하마처럼요?"

"크흠… 역시 새미는 화성의 과학 인재야. 오로라 스톰봉은 에너지 소비 효율 등급◆을 10등급 이하로 만들 거란다. 원래는 5등급까지 있지만 그것보다 효율을 훨씬 낮게 만드는 거지. 이렇게 하면 가정에서 충전할 경우 가정집 전체의 전기가 나갈 정도의 위력을 발휘하게 된단다. 하하하!"

"아하~ 그러면 엠알스 팬들이 오로라 스톰봉을 사서 쓰면 쓸수록, 지구의 에너지는 급속도로 소비되어 없어지겠네요."

"그렇단다, 새미. 그리고 그만큼 더 많은 에너지를 만들어 내기 위해 더 많은 자원을 사용해야 하지…."

"아~ 그런데…."

"크흠… 아리, 무슨 문제라도 있는 거냐?"

◆ **에너지 소비 효율 등급** 가전제품 등 에너지 사용기기의 에너지 사용량과 효율을 1~5등급으로 구분해 표시하는 제도. 소비자가 효율이 높은 제품을 쉽게 선택할 수 있도록 하기 위해 마련한 것으로, 숫자가 낮을수록 효율이 높음.

"엠알스를 사랑하는 우리 팬클럽 밍즈들을 속이는 것 같아서 마음이 아주 쪼끔 불편해요…."

"크흠… 아리, 우리가 지구에 온 목적을 잊으면 안 된단다. 난 우리가 얼마나 오래 준비했는지 생각만 해도 눈물이 날 것 같구나…."

"그럼요. 저도 당연히 프로젝트 성공을 바라죠. 전 단지 우리를 무한대로 사랑하는 밍즈들에게 미안해서…."

"크흠… 지구 최고의 아이돌로 너희들을 성장시키기까지 내가 한 일을 생각하면… 흑흑…. 그리고 그 전에 10년 동안 나 홀로 프로젝트를 기획하고 훈련하고 준비하고…."

"그런데 지구의 제5 멸종까지 자연스럽게 이루어졌다는 소문도 있던데…. 히히. 앗, 그리고 음악도 저희가 다 작사 작곡하고, 댄스도 저희가 만들고… 거의 우리 맴버가 한 것 같은데요. 히히."

"크흠… 모어, 넌 나를 너무 정확히 아는 게 문제란다. 그렇게까지 알 필요도 없는 일을 잘 알고 있다니 말이다…. 사실 말하지 않은 게 있는데 나 때는 말이다. 내가 프로제트를 시작한다고 하면, 그게 어떤 프로젝트든 함께하자고 사람들이, 아 아니 우리 화성인들이 구름떼처럼 몰려들었

단다… 나 때는 말이지….”

"모어, 너도 알고 있지? 우리 지구 멸망 프로젝트 엠알스 오디션을 볼 때 말이다. … 지원자가 너무 많이 몰려서 한 달 반 동안이나 오디션을 봤단다. 아, 그리고 나 때는 말이야….”

"아아! 라때는 그만! 오늘 라때는 너무 길었어요. 그리고 박사님이 하신 일은 정말 어마어마하죠. 우리 엠알스를 지구 최강 아이돌로 올려놓기 위해 얼마나 많이 애쓰셨는지 잘 알고 있죠. 저희 식사도 다 담당해 주셨으니! 그걸 우리가 어떻게 모를 수 있겠어요. 순간 우리들도 그동안 고생했던 기억들이 떠올라서 그만….”

"크흠… 괜찮다. 모어. 너희들이 잘해 주어서 여기까지 온 건 맞는 말이니까! 중간에 너희들이 포기했으면…, 아 생각만 해도 아찔하구나. 이제부터가 중요하단다. 지구 멸망 프로젝트를 추진하기 위해 다시 한 번 구체적인 아이디어를 모아보자꾸나. 그리고 무엇보다 우리 프로젝트가 성공할 때까지 우리의 정체를 들켜서는 절대 안 된단다! 명심 또 명심!”

유엔 홍보대사 제안과 새로운 작전

- ✅ 유엔 홍보대사 일을 알아보니, 개인·사회·국가가 함께 힘을 모아 지구를 지키는 실천들이 가득함.
- ✅ 지구인들은 원래 습관 바꾸기를 힘들어하는 존재! "이거, 우리한테 유리한 거 아냐?"라는 꿀 아이디어 발견!
- ✅ 2030년까지 온실가스 감축, 2050년까지 넷제로 달성 목표. 그러나 이미 지구 온도는 1.5도 이상 상승한 상태.
- ✅ 정모 박사의 번쩍 아이디어로, 팝업 스토어를 열고, 에너지를 펑펑 쓰는 오로라 스톰봉 굿즈를 만들기로 함.

향후 과제
- ✅ 홍보대사 활동을 수행하며, 지구 멸망 프로젝트를 강화할 이중 전략 수립.
- ✅ 팝업 스토어 운영 계획 및 굿즈 개발.
- ✅ 국제 사회의 넷제로 합의와 세계 여러 나라의 움직임을 지속적으로 관찰해야 함.

주의 사항
- ✅ 팬덤 밍즈를 속이는 과정에서 정체 노출 위험 발생 가능.
- ✅ '오로라 스톰봉' 등 굿즈가 실제로 문제를 일으킬 경우, 본부에서 한 것이 들키지 않도록 주의!

넷제로 콘서트

팝업 스토어 오픈

팝업 스토어 오픈에 맞춰 발표할 엠알스의 싱글 앨범 제목은 '오로라 스파크'로 정해졌다. 안무는 아메리카 원주민인 이누이트족의 전통 춤을 모티브로 하여 만들었다.

이누이트족은 오로라를 '북극에서 나타나는 여신이 추는 춤'이라고 믿었다는데, 엠알스는 그 전설을 화려하게 재해석하여 무대에 올리기로 한 것이다. 그리고 가사에는 넷제로 실천을 위한 마음을 담았다.

완벽하게 넷제로 홍보대사 역할을 하면서, 지구 멸망 프로젝트를 성공으로 이끄는 것이 바로 이번 작전의 목표다.

드디어 싱글 앨범 발표일이자 팝업 스토어 오픈 날이 밝았다. 이번 엠알스 팝업 스토어의 콘셉트는 '오로라 빌리지-넷제로'이다.

입구에 들어서자마자 눈부신 초록빛과 핑크빛 오로라 조명이 천장 가득 흘러내리고, 바닥에는 별빛이 반짝였다.

팝업 스토어에 들어선 팬들은 마치 진짜 북극 마을로 순간 이동한 것처럼 입을 다물지 못하였다. 스토어 곳곳에는 오로라가 프린트된 티셔츠, 모자, 가방, 키링이 가득 진열되어 있었고, 팬들은 사진을 찍느라 정신이 없었다.

그 가운데 단연 돋보이는 건 '오로라 스톰봉'이었다. 형광의 초록빛과 핑크빛이 교차하며 흔들릴 때마다 신비로운 빛을 내뿜었다.

중앙 무대에는 앨범 콘셉트에 맞춰 여신의 모습으로 변신한 엠알스의 대형 브로마이드가 걸려 있었다. 황홀한 오로라 색조에 맞춘 무대의상, 신비로운 미소!

팬들은 브로마이드 속 엠알스를 보며 진짜 살아 움직이는 것 같다며 숨을 삼켰다.

그리고 이어서 진짜 여신으로 변신한 엠알스 멤버들이 팝업 스토어에 등장하였다!

오로라 스톰봉 완판

엠알스의 넷제로 팝업 스토어는 대성공이었다. 특히 응원봉인 '오로라 스톰봉'은 출시와 동시에 완판되며 팬들의 열광적인 반응을 이끌어 냈다.

오로라 스톰봉을 구하지 못한 팬들은 추가 제작을 요구하였고, 온라인 중고거래에서는 원래 가격의 2~3배까지 가격이 치솟았다. 그럼에도 거래 제안은 속속 올라왔고, 매물이 없어 거래가 안 될 정도였다.

크흠…
작전이 술술 잘 풀리고 있군!

"크흠… 이제 오로라 스톰봉이 많은 사람들 손에 들어갔으니, 작전을 시작할 때가 된 것 같구나! 루카, 준비한 자료를 보여 주겠니?"

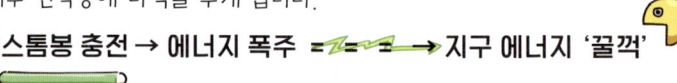

평소에 팬들은 스톰봉을 예쁜 응원봉이라 생각하며 사용합니다. 하지만 스톰봉을 충전하면 엄청난 에너지를 빨아들여 지구 전력망에 타격을 주게 됩니다.

#스톰봉 충전 → 에너지 폭주 ⚡ → 지구 에너지 '꿀꺽'

"스톰봉을 가능한 한 한꺼번에 충전하는 상황을 만들어야겠네요!"

"크흠… 새미. 바로 그거란다. 우리 엠알스의 팬덤이 충분히 커졌으니, 콘서트 날 스톰봉이 동시에 충전된다면 지구 에너지가…."

"앗! 그럼 바로 지구 전력 다운? 엠알스 업?"

"하하! 모어, 이제 너도 과학을 좀 아는군!"

"당연하죠, 박사님과 함께 지낸 게 벌써 몇 년인데요."

"히히, 나 아리는 SNS에 '콘서트 날 모두 스톰봉을 충전하고 지구를 위한 불빛을 내자'고 메시지를 띄울게요."

"와! 드디어 콘서트도, 프로젝트도 시작하는 거네요. 저도 리더로서 최선을 다할게요!"

정모 박사는 지구인이 멸망 프로젝트를 눈치 챌 것을 우려하여 스톰봉의 모든 부품을 따로 주문하고, 업체가 조립만 하는 형태로 제작하는 치밀함을 보였다.

"자, 다들 모여 보렴. 콘서트 날짜를 확정했단다. 넷제로 홍보대사에게 딱 맞는 날짜, 바로 세계 에너지의 날, 10월 22일이란다."

세계 에너지의 날, 넷제로 콘서트

　엠알스의 '넷제로 콘서트' 소식이 발표되자 전 세계 팬들은 환호하였다.

　겉으로 드러난 콘서트의 주제는 분명하였다. 버려지는 에너지를 줄이고, 지구를 살리자는 것! 공연은 오직 온라인 생중계로만 진행되며, 팬들은 집 안의 모든 불을 끄고 '오로라 스톰봉'을 들고 참여하라는 안내가 뒤따랐다.

역시, 엠알스, 환경을 위해 나서는 아이돌이라니!

'엠알스, 세계 최초 '넷제로 콘서트' 개최!'

지구를 지키는 첫 콘서트라니, 꼭 봐야지!

'전등을 끄고, 스톰봉을 켜자! 지구를 위한 특별한 하루'

그러나 무대 뒤에서 움직이는 진짜 기획자는 따로 있었다. 바로 정모 박사! 정모 박사는 모니터 앞에 앉아 만족스럽게 중얼거렸다.

"크흠… 착한 콘서트로 위장하니, 지구인들은 아무런 의심도 하지 않는구나."

"역시, 박사님은 지구 제6의 멸종을 책임질 최고의 화성 과학자다워요."

"크흠… 모어. 뭐 그런 당연한 이야기를… 허허! 곧 지구인들은 집 안의 모든 불을 끄며 '환경을 위해'라고 감동하겠지. 하지만 그 순간, 보이지 않게 빨려 나가는 건 지구의 심장 같은 에너지란다."

드디어 10월 22일, 세계 에너지의 날이 밝았다. 사람들은 각자의 집을 작은 공연장으로 꾸몄다. 불을 끄고, 스틱봉 불빛만 켜둔 방은 초록빛과 핑크빛으로 물들었다. 팬들은 SNS에 사진을 올리며 즐거워했고, 전 세계에서 실시간으로 중계되는 화면은 오로라가 내려앉은 듯 수억 개의 작은 빛으로 가득 찼다.

그때 뉴스 속보가 이어졌다.

> 어제에 이어 오늘 밤
> 갑작스러운 전력 사용량 증가가 확인되었습니다.
> 일부 지역에서는 일시적인 정전도…

그러나 사람들은 그마저도 콘서트의 일부인 줄 알며 즐거워하였다.

"모두 함께, 지구를 위해 불을 끄고, 스틱봉을 켜 주세요!"

무대 위 아리의 말에 팬들은 환호했고, 동시에 스톰봉 충전기들이 꽂히며 도시의 전력 사용량은 폭발적으로 치솟았다. 정모 박사는 컴퓨터 앞에서 전력 그래프를 바라보았다. 붉은 선이 급격히 꺾이며 내려가고 있었다.

"크흠… 지구의 에너지가 빠르게 줄어들고 있군."

그 순간에도 팬들은 화면 속 엠알스를 보며 환호하였다. 엠알스를 향한 지구인의 눈부신 열정과 사랑이, 아이러니하게도 지구 에너지를 소모시키는 가장 큰 원동력이 되고 있었다.

엠알스는 무대 위에서 서로 눈빛을 교환하였다. 팬들에게는 환한 미소를 지었지만, 속마음은 달랐다.

　엠알스 멤버들은 지구에서의 마지막 무대라는 생각에 그 어느 때보다 이번 콘서트를 열심히 준비하였다. 이번 프로젝트는 무조건 성공할 테니 말이다. 더욱이 엠알스의 타이틀 곡 '오로라 스파크'는 지구에서의 마지막 무대곡으로서, 신비롭고 빛나는 화성인의 베일을 쓴 글로벌 아이돌 엠알스와 그들의 춤을 보여 주기에 딱 맞았다.

오로라 스파크

작사 새미
작곡 루카

1. 찬란한 북극빛, 하늘을 가르며
   여신의 춤이 번져, 초록빛 물결로
   오로라 스톰이여, 세상을 깨워라
   우리의 노래로, 넷제로를 향해

   얼음 속 차가운 공기 속에도
   타오른 심장은 멈추지 않아
   지구의 숨결을 지키는 약속
   이 순간을 불태워!

2. 흐르는 빛의 강, 바다를 건너서
   펭귄과 캥거루, 손짓하며 웃네
   모두가 하나로, 노래를 부르면
   어둠도 물러가, 새로운 시작이야

넷제로 콘서트는 마침내 막을 내렸다. 지구인들은 지구 에너지를 위한 마음이 하나로 모였다며 감동하였다.

전 세계의 비상 전력이 총동원된 덕분에 공연은 끝까지 잘 마무리할 수 있었다. 하지만 지구가 쓸 수 있는 에너지는 거의 남아 있지 않았다.

그럼에도 지구인들은 아직도 사태를 알아채지 못하였

다. 오히려 공연이 끝난 뒤에도 흥분을 주체하지 못하고 거리로 나와 스톰봉을 흔들며 뒤풀이를 하는 팬들로 넘쳐났다. 또 많은 팬들이 집에서 콘서트 영상을 다시 틀어놓고, 스톰봉을 계속 충전하며 '앵콜!'을 외쳤다.

"지구를 위한 콘서트였잖아. 오늘 하루쯤은 전기를 많이 써도 괜찮겠지?"

팬들은 그렇게 믿으며 늘 하던 대로 전기를 아낌없이 사용하였다.

갑작스러운 어둠

그때 갑자기 도시 전체가 암흑에 잠겼다. 조명은 꺼지고, 전광판도 멈췄다. 정모 박사는 눈을 번뜩이며 자리에서 벌떡 일어났다.

"크흠… 이상한데! 내가 생각한 것보다 빠른걸! 스톰봉이 이렇게 에너지를 빨리 소비하다니! 어쨌든 이것으로 지구 멸망 프로젝트는 거의 완성된 거나 다름없군! 하하!"

루카는 화면을 뚫어지게 바라보고 있었다. 정모 박사의 그래프와, 도시 전력망의 기록을 차례로 확인한 루카는 고개를 갸웃거렸다.

"스톰봉의 소비 전력량을 다시 계산해 봤는데, 아무리 많아도 일반 응원봉 수준보다 조금 더 높았을 뿐이야. 애초 우리가 설계했던 응원봉이 아니었어. 그렇다면 이건…"

 그때 루카의 몸이 깊은 푸른빛을 띠며 가라앉더니 갑자기 눈앞에서 사라져버렸다.

 늘 모든 상황을 통제하며 자신만만하던 정모 박사가 이렇게 무너져 내리는 모습을 본 건 처음이었다.

 방 안에는 오직 서로의 울음소리와, 꺼져버린 전자기기들의 차가운 침묵만이 흘렀다.

블랙아웃 작전 성공?

오늘의 보고

- ☑ 넷제로 콘서트 이후 도시가 블랙아웃되며, 지구 멸망 프로젝트가 완성된 것으로 보임.
- ☑ 예상보다 훨씬 빠른 블랙아웃으로, 정모 박사와 엠알스는 스스로 사용할 에너지도 확보하지 못한 상태에 놓임.
- ☑ 루카는 디지털 생명체로서 에너지가 차단되면 소멸한다는 사실이 뒤늦게 밝혀짐. 정모 박사는 이를 미처 대비하지 못한 것을 자책하며 큰 슬픔에 빠짐.
- ☑ 루카는 블랙아웃의 원인이 스톰봉이라고 믿었으나, 소멸 직전에 실제 데이터를 탐색한 결과, 블랙아웃의 직접적 원인이 아닌 것을 확인함. 스톰봉은 순간 전력 폭주를 일으켜 위험 요소가 되었지만, 근본적인 원인은 아니었음.

향후 과제
- ☑ 루카의 행방 또는 데이터 흔적을 추적해야 함.
- ☑ 블랙아웃의 실제 원인을 규명하고, 본부 보고용으로 정리할 필요 있음.
- ☑ 남아 있는 에너지 자원을 확보하지 못하면 엠알스도 위험에 처할 수 있음.

주의 사항
- ☑ 루카의 알고리즘 일부가 본부로 자동 전송되었을 가능성이 있음.
- ☑ 팬덤은 여전히 '환경을 위한 콘서트'라고 믿고 있으며, 이 착각을 유지하는 것이 현재로선 유리함.

5

기후 지옥

에너지 공포, 블랙아웃

갑작스러운 정전으로 놀란 사람들이 하나둘 거리로 나오기 시작하였다. 다들 무슨 상황인지 파악하려고 우왕좌왕하는 모습이었다.

곧이어 사이렌 소리와 함께 휴대전화 긴급 안내 문자가 반복해서 울렸다. '국가 정전 사태'를 알리는 정부의 안내 문자였다.

빌딩과 아파트의 엘리베이터도 멈추고, 전기버스, 지하

철 등의 대중교통, 차량의 내비게이션도 모두 멈췄다. 밤이 깊어지자 어둠 속의 정적이 도시를 감쌌고, 전기 없이 움직이지 못하는 기기들만 거리에 남겨졌다.

엠알스도 블랙아웃♦을 이룬 기쁨도 잠시, 곧 닥칠 에너지 없는 세상에 대한 막연한 공포심을 느끼기 시작하였다. 모두들 말 없이 서로의 휴대전화 배터리 잔량만을 확인할 뿐이었다.

♦ **블랙아웃** 전력 공급이 중단되어 해당 지역이 어두워지는 일.

"흑흑… 우리 핸드폰 충전할 에너지도 없는 거야? 어딘가에 긴급 상황을 대비해 저장해 둔 에너지 창고 같은 게 있지 않을까?"

"아리, 진정해. 보통은 대형 배터리 시스템으로 비상 전력을 저장해 두기도 해. 하지만 이번에는 소비가 워낙 급격하게 늘어나서, 저장된 전력마저 순식간에 고갈된 거야. 루카는… 이런 상황까지 예상했던 걸까?"

"크흠… 충전된 스톰봉에서 에너지를 끌어다 쓰려고 했는데, 스톰봉이 불량인지 충전이 안 되었구나. 무엇보다 루카를 잃는 건 생각해 본 적도 없는데 말이지…. 흑흑!"

전기가 없으니 며칠 전까지 편리했던 지구의 삶이 아득히 먼 옛날 일처럼 느껴졌다. 또 SNS를 통해 팬들과 활발히 소통할 때의 즐거움을 떠올리니 슬픔이 몰려왔다. 게다가 루카가 사라진 것에 대한 두려움까지 더해져 엠알스 멤버들은 맨붕에 빠졌다.

정모 박사는 한참을 침묵하다가 뭔가 결심한 듯 손목 워치를 빤히 바라보았다.

루카를 찾아 떠난 시간 여행

정모 박사가 손목 워치의 뚜껑을 열자 강한 초록빛이 뿜어져 나왔다.

손목워치는 사실 시간 여행 장치였다. 꼭 필요할 때 딱 한 번 사용할 수 있도록 설계된 아이템! 화성 본부에서 정모 박사에게만 비밀리에 건네 준 것이다.

루카가 사라진 후 멘붕에 빠져 있던 정모 박사는 문득 손목 워치가 루카의 신호와 연동되도록 설계되었다는 것을 기억해 냈다.

그리고 루카라면 이 혼돈의 틈에서 새로운 에너지를 찾기 위해 미래로 이동했을 거라고 확신하였다.

무엇보다 정모 박사는 에너지가 사라진 지구에서 멤버 모두가 어둠 속에 갇혀 공포를 느끼고 무기력하게 된 지금 이 바로 손목 워치를 사용해야 할 때라고 판단하였다. 손목 워치를 사용하면 시간 이동은 가능한 상황이었다.

모두의 목소리에는 놀람과 기쁨, 그리고 안도의 감정이 뒤섞여 있었다. 한동안 사라져버린 줄만 알았던 루카가 눈앞에 서 있다는 것만으로도 가슴이 벅차올랐다.

아리는 눈물이 왈칵 쏟아져 손등으로 눈을 훔쳤고, 새미와 모어는 루카의 이름을 몇 번이고 부르며 꿈이 아닌지 확인하였다. 정모 박사 역시 목이 메어 아무 말도 못하고 그저 두 손을 꼭 모은 채 루카를 바라보았다.

"크흠… 사실 우리 화성인은 시간 여행 유전자가 있단다. 다만 평상시에는 시간 여행을 할 필요가 없으니 유전자가 활성화되지 않은 상태로 살아가지. 그런데 지구로 떠나올 때 만약을 대비하여 특정 조건이 되면 시간 여행 유전자가 활성화되도록 해놓았단다. 그 특정 조건이 바로 내 손목 워치에서…."

"앗, 그 초록빛… 그 빛으로 이동한 거네요."

"그렇단다, 새미. 루카를 빨리 만나고 싶은 마음에 너희에게 어디로 간다고 미리 말도 못했구나."

"역시 박사님은 제 알고리즘을 모두 꿰고 계시는군요."

"크흠… 뭐 2050년까지 예측한 건 아니지만, 뭐 어쨌든… 그 정도는 기본인지! 하하!"

"가만… 가만 있어 봐. 지금이 2050년이고, 아직도 지구는 멸망하지 않았다는 거네!"

"맞아! 모어. 우린 지금 2050년의 지구에 있어."

"헉! 그럼 루카, 우리 임무인 지구 멸망 프로젝트도 성공하지 못했다는 거잖아?"

"응. 지구는 아직 멸망하지 않았어. 하지만….''

2050년, 붉은 지구

"헉! 이게 뭐야? 여기 지구 맞아?"
"아리, 지금 네가 보는 그대로야. 2050년의 지구는 막 티핑 포인트◆를 넘어서고 있어."

루카 뒤로 펼쳐진 도시 풍경은 충격적이었다. 바닷물에 반쯤 잠겨 거의 무너질 듯한 건물들, 멀리서 솟구치는 불기둥, 하늘을 가득 메운 검은 연기!
그때 루카가 손바닥을 펼치자 홀로그램 화면이 켜졌다. 화면 속에서 블랙아웃 이후 지구인들은 땀에 젖은 얼굴로 에너지를 절약하고, 쓰레기를 줄이고, 나무를 심으며 필사적으로 살아남으려 애쓰고 있었다.

◆ **티핑 포인트** '균형을 깨뜨리는 점'으로, 어느 지점에 도달하면 전체가 한순간에 변하는 현상을 가리킴. 기후 위기에서는 돌이킬 수 없는 변화가 일어나는 시점을 뜻함.

"그날 이후 지구인들은 정말 많이 바뀌었어. 재생 에너지에 투자하고, 에너지 소비를 줄이려 온 힘을 쏟았지. 그 노력 덕분에 어느 정도 버틸 수 있었지만…."

이어 홀로그램 장면이 2050년 지금의 지구로 바뀌었다. 바짝 말라 갈라진 강바닥 위에서 물고기들이 파닥거리다 멈춰 있었고, 굶주린 코끼리 떼가 쓰러져갔다.

거대한 태풍이 도시 위를 휩쓸며 지붕과 자동차를 날려 버렸고, 산자락이 폭우에 무너져 마을을 삼켰다. 불타는 숲에서 사슴들이 비명을 지르며 달아났고, 북극은 빙하가 많

이 녹아 북극곰이 새끼를 등에 업은 채 물속으로 빠져들고 있었다.

새미는 과학책에서 읽은 재난 장면들이 눈앞에서 벌어지고 있다는 사실에 너무 놀랐다.

"빙하가 붕괴하고, 영구 동토층◆이 녹아 메테인이 방출되고, 바다는 산성화되고… 더는 되돌릴 수 없다는 말이 사실이었다니…."

"맞아, 새미. 지구인들은 최선을 다했지만, 결국 자연은 기다려 주지 않았어.

◆ **영구 동토층** 여름에도 녹지 않고 2년 이상 일 년 내내 항상 얼어 있는 땅.

홀로그램 화면에 무대 위에서 노래하는 엠알스가 보였다. 그런데 무대가 바닷물에 잠긴 도시의 옥상 위에 세워져 있었다. 팬들은 구명조끼를 입고 빽빽이 서 있었고, 그들 뒤로는 바닷물이 거칠게 밀려들고 있었다.

"저게… 2050년의 엠알스? 나 아리의 춤은 지금도 멋지지만… 저런 곳에서 공연을 하다니…."
"무서워, 아리! 금방 바닷물이 무대를 휩쓸 것 같아."
"모어. 이건 지구 생존을 위한 엠알스의 마지막 공연이었어. 사람들은 노래로 희망을 붙잡으려고 했지만, 자연은 기다려주지 않았지."

영상 속에서 경고음이 울렸다. 하늘이 갑자기 검게 뒤덮였고, 거대한 파도가 도시를 덮쳤다.
무대가 무너지고, 스톰봉의 불빛들이 물속으로 삼켜졌다. 관객들의 비명은 순식간에 물결에 묻혔다.
멤버들은 두 손으로 입을 막았다.

"헉……"

루카가 담담히 이야기를 이어나갔다.

"그날은 티핑 포인트가 공식적으로 시작된 날이었어. 지구 온도는 아직 1.7도를 조금 넘겼을 뿐이지만, 연쇄 붕괴가 시작되면 멈출 수 없지. 해수면 상승, 빙하 붕괴, 산불, 생태계 파괴… 모든 것이 동시에 무너지기 시작했어."

"크흠… 2050년의 지구는 겨우 버티고 있을 뿐, 이미 멸망은 시작되었구나! 우리가 조금만 더 애쓰면, 이번에는 확실히 지구 멸망 프로젝트를 성

흑… 어떻해!

내 손을 잡아!

으악! 살려줘!

공시킬 수 있겠어."

하지만 엠알스 팬클럽 밍즈들이 쓰나미에 휩쓸려 고통받는 것을 본 아리와 모어, 새미는 지금 자신들의 임무를 생각할 수 없었다. 오히려 그들의 마음속은 '지구를 지켜야 한다'는 외침으로 흔들렸다. 하지만 정모 박사 앞에서는 아무 말도 할 수 없었다.

아직은 지구가 완전히 무너진 것은 아니어서 다행이라는 안도와, 다시 임무를 수행해야 한다는 압박이 동시에 스며들었다.

그때 정모 박사의 손목 워치에서 낮은 진동이 울렸다. 돌아가야 할 시간이 다가온 것이다.

"크흠 … 지금 딱 여기에서 프로젝트를 마무리하면 좋을 텐데, 시간이 얼마 없구나. 우선 돌아가서 화성에 보고하고 다시 계획을 짜야겠어…."

"네. 이제 지구는 멸망에 가까워졌고, 이를 바탕으로 보고서를 준비할게요."

그 순간 어둠 속에서 초록빛이 다시 피어오르며, 정모 박사와 엠알스는 어디론가 빨려 들어갔다.

오늘의 보고

티핑 포인트를 넘어선 지구의 붕괴

- ☑ 손목 워치를 이용해 2050년에 도착! 지구는 이미 티핑 포인트를 넘어선 상태임.
- ☑ 지구인들은 블랙아웃 이후 재생 에너지를 확대하고, 생활 습관을 바로잡는 등 적극적으로 노력하였으나 이미 때를 놓침.
- ☑ 대규모 재해 발생 확인: 쓰나미, 가뭄, 태풍, 산사태, 빙하 붕괴.
- ☑ 동물 생태계 붕괴 징후: 북극곰, 사슴, 코끼리 등 대규모 서식지 상실 목격.
- ☑ 엠알스의 미래 공연 역시 쓰나미로 전면 붕괴.
- ☑ 지구 멸망이 이미 진행 중으로, 프로젝트 성공 가능성 높음.

향후 과제

- ☑ 2050년 상황의 모든 영상과 데이터를 확보하여 본부 전송.
- ☑ 멸망 프로젝트의 시작 시점 및 전략 수정이 필요함.

주의 사항

- ☑ 엠알스 멤버들이 지구에 애착을 보임. 임무 이탈 가능성 주시.
- ☑ 팬덤과의 교류는 정체 노출 및 감정 흔들림의 위험 요소임.

6
다시 만난 청정 지구

2030년으로 귀환

"크흠… 루카, 어떻게 된 일인지 설명해 주겠니? 프로젝트가 성공하려면, 블랙아웃 상태여야 하는데 말이다…."

루카는 소파에 반쯤 누운 채 태블릿을 띄웠다. 아직 충전이 채 안 되어 눈은 반쯤 감긴 상태였지만, 목소리는 또렷하였다.

"앗! 지금은… 안타깝게도 2030년이에요. 워치가 블랙아웃 이후 가장 중요한 시간을 좌표로 삼은 것 같아요. 어쨌든 기후 지옥에서 너무 고생을 해서인지 청정한 지구를 보니 다행이다 싶은 마음이 들기도 하네요."

'인류 최대의 발명은 에어컨이다'라고 생각해 왔던 정모 박사는 에어컨의 시원함에 감동하고 있다가 루카의 설명을 듣고 상황을 파악하기 시작하였다.

지구는 분명 블랙아웃으로 전기도 들어오지 않고, 모든 통신 수단과 교통 수단이 끊어진 상태였다. 그런데 2030년 지금은 블랙아웃 이전으로 완전히 돌아와 있었다.

지구에 또 무슨 일이 벌어진 게 틀림없었다.

"크흠… 당장 프로젝트를 성공시키기는 어렵겠는걸. 완전히 기후 위기를 극복한 느낌이야…."

"네, 박사님. 지금까지 찾은 정보에 따르면, 완전히는 아니지만, 분명 지구는 이전보다 훨씬 좋아진 상태예요."

지구인의 노력

지구 멸망 프로젝트의 이번 작전 '지구 에너지를 없애라' 역시 실패였다. 화성 본부에 제출할 실패 보고서에는 원인을 '지구인들의 끊임없는 노력' 탓으로 할 예정이다.

그리고 지구인들이 에너지 문제를 해결하기 위해 진행한 신기술 개발 내용이 무엇인지 정리해둘 필요가 있었다. 정모 박사는 루카에게 에너지 신기술 자료 수집을 부탁하였다.

"크흠… 대체 어떤 기술들이 개발되었길래 그게 가능했지? 2025년만 해도 블랙아웃 위기였는데…."

"지구인들은 블랙아웃 이후 머리를 맞대고 새로운 방법들을 만들어 냈어요. 바로 카본 네거티브예요. 온실가스 배출을 0 이하로 만들어, 이미 배출된 이산화 탄소까지 적극적으로 제거하는 친환경 전략이에요."

"크흠… 이미 배출된 이산화 탄소까지 제거한다고?"

"네. 첫 번째는 인공 광합성 기술이에요. 나무가 햇빛을 받아 숨 쉬듯이, 기계가 공기 속 탄소를 빨아들여 전기와 산소로 바꿀 수 있게 되었어요. 마치 나무를 닮은 거대한 기계 숲이 지구 곳곳에 심어진 거예요."

"크흠… 그런 일이 있었군."

"그리고 이건 말씀 드리기가 죄송한데… 이건 블랙아웃 전에 박사님이 만들고 계셨던 건데…. 버려지던 열을 모아 다시 전기로 바꿔 주는 장치! 바로 그 기술을 지구인들이 이용하고 있더라고요. 자동차 엔진에서 나오는 뜨거운 열을 전기로 다시 바꿔 사용하고, 공장의 배기가스도 전기로 바꾸고…."

흑! 내가 지구를 위해 발명한 게 아닌데 말이야….

"크흠… 대단하군."

"또…."

"뭣? 기술이 더 있다고?"

"네. 탄소 포집과 해조류를 이용하는 기술을 개발하였어요. 공장에서 나온 탄소를 그냥 하늘로 날려버리지 않고, 큰 창고에 모아서 가둬두는 기술이에요. 또 바다 속 해조류가 탄소를 많이 먹도록 해서, 바다가 다시 숨 쉴 수 있게 했고요."

"크흠… 지구인들이 많은 노력을 했군."

"또…."

"헉…. 또 있다고?"

"네. AI를 이용한 전력 최적화 네트워크 시스템을 개발하였어요. 쉽게 말하면, 전기 배달 AI예요. 사람이 언제 어디서 전기를 많이 쓰는지 인공지능이 계산해서, 쓸데없는 낭비를 줄였어요. 또 전기를 나누어 쓰면서 꼭 필요한 곳에만 배달하는 거예요."

"크흠… 어차피 이번 프로젝트는 우리가 망친 게 아니고, 우리가 지구를 잠시 떠나 있는 사이 지구인이 지킨 거구나."

"크흠… 뭐… 화성 본부에 보고할 이유는 충분하겠구나! 우선 팥빙수부터 먹고, 그리고 에어컨의 시원함을 즐기고 생각해 봐야겠어."

정모 박사는 조용히 팥빙수를 한 입 떠먹었다. 입 안 가득 퍼지는 달콤함에 눈이 절로 감겼다. 얼음이 사르르 녹아내리자, 왠지 모르게 감회가 북받쳤다.

"크흠… 팥빙수를 먹으니 옛날 생각이 나는구나."

"내가 지구에 처음 왔을 때 말이다…. 나 때는 말이야, 지구인들이 에너지원으로 이산화 탄소를 많이 배출하는 석탄과 석유를 엄청 썼어. 또 에어컨을 밤새 틀어놓고, 냉장고 문도 계속 열었다 닫았다 했지. 심지어 길거리마다 네온사인이 번쩍번쩍했는데, 그걸 자랑처럼 여겼다니까…. 나 때는 말이야…."

"나 때는 말이야. 그때가 바로 지구 멸망의 씨앗이었단다. 전기를 쓸 줄만 알았지, 어떻게 만들어지는지 관심도 없었거든. 결국 블랙아웃으로 뼈저리게 깨닫게 된 거야. 그나저나 지구 팥빙수는 프로젝트를 잊을 만큼 맛있구나!"

"박사님… 지금 웃으셨어요?"

"아, 아니 모어! 크흠. 아니 맞아! 기분이 잠깐 좋았을 뿐이란다. 아니, 팥빙수가 시원하고 달콤해서… 아니, 지구 공기가 좋다고나 할까….'

"히히! 박사님도 팥빙수에 완전 중독되었네요. 이제 지구에서 팥빙수 없으면 못 지내시겠는걸요? 하지만 조심하세요. 지구 디저트의 달콤함 속에는 '당'이 많이 함유되어 있어요. 너무 단것만 찾으시면 안 돼요."

"하하! 이제 박사님도 지구인 인정? 모어, 해시태그 **#지구사랑박사 #팥빙수박사 #박사님지구에진심** 어때"

막 다음 일정을 위해 이동하려고 하는데, 뉴스 속보가 흘러나왔다.

"앗, 저건 뭐야? 우리가… 지구를 살렸다고?…."
"크흠… 의도하지는 않았지만, 결과는 그런 것 같구나. 엠알스의 영향력이 지구 전체의 행동을 바꿔놨으니까. 그리고 팬덤의 힘이 정말 대단하군."
"굿즈도 플라스틱이 아니라 업사이클링해서 만들어진 재질이라던데? 완전 힙해졌어! 모두 우리 팬들이 한 거래."

초등학생부터 대학생까지 넷제로 캠페인이 챌린지 활동으로 연결되면서 전 세계의 엠알스 팬들이 한마음으로 챌린지 문화를 이끌었다고 한다. 루카는 넷제로 챌린지에 참여했던 청소년들이 에너지 문제 해결을 위해 과학으로 진로를 선택하게 되었다는 인터뷰 기사도 찾아 보여 주었다.

"놀라운 사실 하나 더. 지금의 청정 지구를 만든 혁신 기술 중 몇 개는 바로 넷제로 챌린지에 참여했던 청소년들이 개발한 거래."

"크흠… 결국 엠알스 팬들이 미래 과학자가 된 셈이군. 우리 프로젝트의 실패가 팬들 덕분이라니, 하하하!"

웃어야할지 울어야할지 여전히 헷갈리는 상황에서 정모 박사는 호탕하게 웃었다.

"크흠… 화성이든, 지구든 과학자가 늘어나는 건 환영할 일이란다. 지구와 화성이 함께 우주를 위해 일해야 할 때가 오는 건 아닌지 모르겠구나!"

"박사님, 그럼 우리 프로젝트는 안 하는 건가요?"

"크흠… 새미, 내 말은 그게 아니고, 그냥, 저, 뭐, 어차피 이번에 실패한 거, 다음 프로젝트 계획 전까지 우리 엠알스 팬들에게 감사하는 마음을 가져야 한다는 것을 알려주려고 말이지…."

"우와, 우리 팬들… 진짜 최고다!"

"크흠… 우리 프로젝트는 실패했지만, 새미를 비롯해 너희들 모두 큰 교훈을 얻었구나. 우리도 잠시 쉬어가는 것일 뿐, 지구 멸망을 위한 노력은 계속 이어가야 한단다!"

넷째로 죽타 공연, 다시 노래하다

　푸른 바다를 배경으로 오로라 스톰봉의 화려한 초록빛 LED가 반짝였다. 불량으로 제조되었던 오로라 스톰봉은 기술 업그레이드를 통해 에너지 효율이 높은 제품으로 재탄생하였다.

　관객석에는 지구인뿐 아니라 캥거루, 사슴 등 숲속 동물들까지 멀리서 엠알스를 지켜보고 있었다.

　"이건… 그냥 공연이 아니야. 우리가 다시 만난 청정 지구를 축하하는 무대야."

　"맞아, 아리! 블랙아웃을 겪고 나니, 우리가 이곳에 있는 동안만이라도 청정 지구였으면 좋겠어. 지구 멸망 프로젝트를 위해서 왔지만, 지금 마음은 그래. 히히…."

　"하하, 모어. 사실 나도 그래. 그냥 지구의 아름다움을 조금만 더 즐기자고. 어차피 프로젝트 시작 전까지는 시간이 있잖아."

콘서트 중 실시간 SNS 팬 미팅도 진행되었다.

"우리는 지구인과 직접 접촉할 수는 없지만… 팬들과의 디지털 소통이 우리를 교감하고 움직이게 했던 것 같아요. 팬들이 우리에게 보여 준 사랑은 코드로도 번역이 안 되는 거예요."

"크흠… 새미, 네 말대로 팬들이 우리에게 이렇게까지 진심일 줄은… 예상도 못했단다. 나 또한 감격스러워서… 흑흑."

"히히, 박사님까지 밍즈에 푹 빠지셨군요. 지금 이 순간만큼은 우리 팬들을 위해서라도 진심으로 지구를 위해 노래해야겠어요."

"새미 언니, 나 아리도 온 마음을 다해 춤을 출 거야."

"나 모어도 빠질 수 없지! 우리 엠알스 팬클럽 밍즈 사랑은 내가 최고라고!"

"이제 마지막 곡, 우리의 타이틀 곡! 자, 렛츠고!"

엠알스 맴버 모두 성공을 기원한다고는 말했지만, 마음 속으로는 프로젝트의 방향이 바뀌길 기대하는 눈치였다.

"지구 멸망 프로젝트 말고, 지구 살림 프로젝트면… 지. 구. 살. 림?"

모어의 혼잣말이 나지막이 흘러나왔고, 옆에서 이를 들은 아리가 외치며 춤을 추기 시작하였다.

"그거 좋아! 모어, 나도 그 이름 찬성!"

"렛츠고~ 새로운 시작이야! 자료 조사는 내가 맡을게."

정모 박사는 모어의 속삭임을 듣지 못했지만, 왠지 모르게 가슴이 두근거렸다.

오늘의 보고

블랙아웃을 넘어 카본 네거티브로!

- ✅ 시간 여행 귀환 지점은 현재가 아닌 지구 2030년으로 확인됨.
- ✅ 2030년의 지구는 블랙아웃 위기를 극복하고 청정한 상태를 회복하였음.
- ✅ 지구인들이 발견한 신기술을 확인함.
- ✅ 지구는 '넷제로'를 넘어, 카본 네거티브(탄소 마이너스) 시대 진입을 선언함.
- ✅ 엠알스 팬덤이 적극적으로 참여: 업사이클링 굿즈 제작, 넷제로 챌린지, 청소년 과학자 배출.

향후 과제

- ✅ 신기술 발전 경로를 자세히 조사하여 향후 멸망 프로젝트의 방해 포인트 파악.
- ✅ 팬덤 활동 및 청소년 세대 동향 분석. 잠재적 위협 차단.

주의 사항

- ✅ 멤버들의 동요가 감지됨. 관리 필요.
- ✅ 지구 환경의 편리함(에어컨·디저트 등)에 대한 과몰입은 임무 집중에 장애 요인.
- ✅ 언론에서 엠알스와 정모 박사를 '영웅'으로 보도. 정체 노출 및 임무 왜곡 위험.

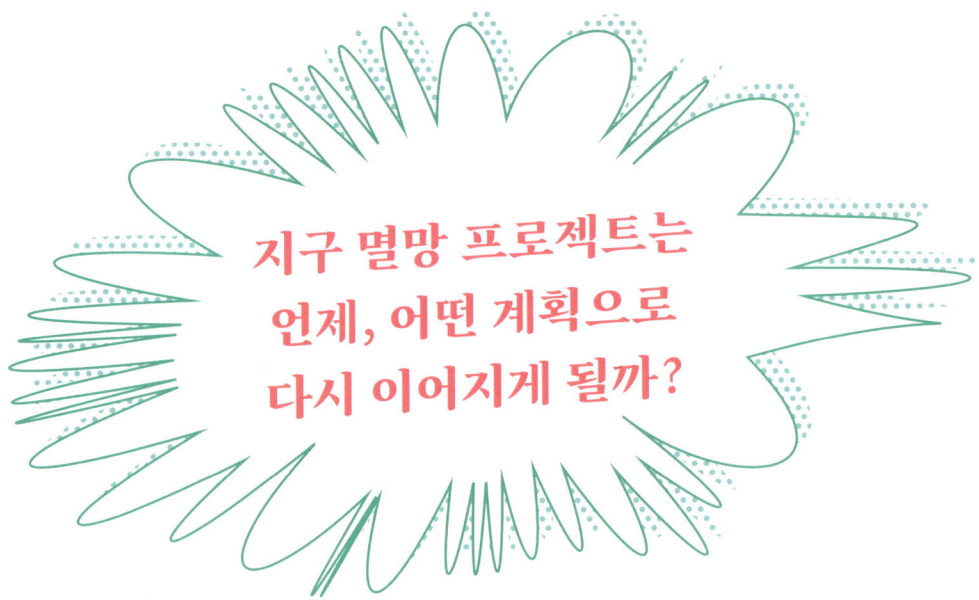

지구 멸망 프로젝트는 언제, 어떤 계획으로 다시 이어지게 될까?